運命をひらく
「奇蹟の言葉」

目次

第１章

人生の法則

みんな太陽の子
明るくなるべく生まれてきた
太陽の子
太陽のごとく燦《さん》と輝くことのできる人間
太陽の子らしく明るくなれ
みんな平等に同じ幸せを与えられている
明るくなるべく与えてある
だれもが明るく幸せになることができるぞ
楽しいな　明るいな

1 生きる　明もあり暗もある

人とは本来
明るい生きもの
太陽の恵みを受ける
明るい生きもの
明るい生きものが暗いことはおかしい
人は明るい生きものなれば
すべてがうまくいく
明るければ
健康も発展も繁栄もできる

人 生まれしとき
光とともに生まれるなり
ゆえに 光を持ちて生まれるなり
光りてこそ
人なり
明るきこそ
光明さすがゆえ
人なり

人生は
暗いと思うから暗いのだ
同じ人生なりとも
明るいと想う者もあるなり
己の意識によりて
すべてを判断しておるのだ
想うなら
明るきことのみを想え

難問があるからこそ
人は成長できるのだ
すべてがうまくいけば
心 磨けぬゆえ
難問があるのだ
すべて己を磨いてくれるものよ
明るき心にて取り組むが
まことなり

人は喜びにより
生《う》まれ
光により
生かされてあるなり
明るさこそ
人の本質なり

ふりこの原理のように
ほんの一微《いちび》でも
心のなかにありしものは
大きく波動となりて広がるなり
明るき心を持ちてみよ
ふりこのように
明るさを広げていくなり
そはすべての原因となりし
心のことなり

よき種とは
心なり
ゆえに 明るき心にて
種をまけ
よき実がみのるなり

暗とは明のかげなり
人よ
かげの心を主とするは真理ではなきなり
明を心の主とするが真理なり
光なくばかげは存在せぬ
光の心が
己の心の主なり

喜びも苦しみも
空気のように手につかむことはできないが
存在は誰もが認める
空気が酸素と二酸化炭素でできるように
喜びは白色光粒子《はくしょくこうりゅうし》であり
苦しみは暗湿粒子《あんしつりゅうし》である
人の能力では目に見えないが
存在はまちがいのないものである
粒子というものが空気中には散乱している
自分の心に明るさがあれば

明るいものが集まり
暗ければ
暗いものが集まる
類というもので
互いに引きつけあい集団を構成するのだ
暗い心の集団に引きつけられない
凛《りん》とした斥力《せきりょく》を身につけ
暗さは寄せつけない
明るさのみの意識の集まりに加われば
自然と明るい楽しい日々である

人 楽しいから
なにごともできるなり
ゆえに なにごとも楽しんでみよ
己の心しだいで
なんとでもなるなり

2 人の一生とはなに

人の一生とはなに
人の一生は不幸になるためではない
毎日 悩み苦しむためではない
明るく楽しく生きること
毎日 ワクワクしてドキドキして笑える
それが本当の人の一生
明るい楽しい
善いことのみの人生こそが人生

人は思うことといっさいを
明るいことにせよ
どのようなことも善いことと想え
すべてが自分を人として
成長させてくれると思え
自分の存在とは人のためにある
自分を成長させ
人の役にたつ人にしてこそ
本物の人なり
人を不幸にする者
人のかたちはすれども 人ではなき
人をいかすには 自分をいかせ
それが明るい善い未来をつくる

己の人生とは
己のつくるものよ
己の運命とは
己でつくることよ
己が宿命かえられずとも
己が運命とは
己の心がつくるものなり
己の生まれしとき　ところは
己ではどうすることもできぬもの
宿命とは
天の与えしことゆえかえられぬ

幸も不幸も
己の心のつくりしものなり
貧しきとも
幸せと思う者あり
豊かな生活ありしとも
不幸と思う者あり
幸と不幸をわけるは
ものではなし
心ゆえに
ものは関係のないものなり
心が幸　不幸を決めるものなり

人よ
なぜに楽園をものに求めるや
楽園とは人の心のなかにあるものゆえ
もので楽園などつくることは無理なのだ
誰もが心のなかに楽園を持っているのだ
それは明るいとき
楽しいときの心のなかだ
笑顔こそ
この世の楽園の証《あかし》なのだ

人よ
花のように一日を咲ききってみよ
己に嘘をつかず
生かされしことに感謝をし
人のためにつくしきりてみよ
一日でも咲ききれるなり
毎日 咲ききるは
一生を咲ききるなり
ゆえに 人 感動をおぼえ
そを ほめたたえるなり
永遠に心に残るなり
人の心のなかに生きつづけるなり

己の体のなかにありし細胞なるもの
生まれかわるなり
己の体　生まれかわりしも
人　生まれかわるを信じないゆえ
毎日をただすごすなり
細胞　生まれかわるゆえ
人　心も毎日かわるなり
そに気づきし者
毎日を新鮮な日と想い　愉快にくらせるなり
そに気づかぬ者
また同じ日と憂鬱《ゆううつ》にすごすなり
朝起きしとき　想うてみよ
今日は過去にはないまっさらな新しい一日と
新鮮なる一日となるなり

人らしき人とは
なにごとにも真剣に取り組んでこそ
人なり
真剣のなかに明るさあってこそ
人なり
ゆえに　生きがいなり

人よ
今で満足するべからず
満足すれば成長あらず
善くなろうと努力する姿が
人を成長させ
幸せにするのだ

物を第一と思う人は
心を忘れている
心を第一と思えば
物などなくとも
己をみたせるなり

物の財産 心の財産かによりて
人の価値決まる
死んでしまったら
物など残らぬではないか
天界へのぼりしとき
心の財産ある者
天から価値ありとみなされる
物など
一瞬にして消えてなくなるものなり

人よ
己で生きておると思うなら
己の人生 己でつくりてみよ
己の思いどおりの人生にしてみよ
できぬではないか
己を生かしてあるもの 天なり
ゆえに なにもできぬこともあるなり
ゆえに 与えられし生命を感謝し
生かしきってみよ
己を生かしきってこそ
人なり

3 雨を喜べ　苦労を喜べ

雨を喜べ
苦労を喜べ
すべてが与えられたもの
生命《いのち》も体も
すべてが与えられたもの
与えられるものを選ぶな
善いことも悪いことも受け入れよ
それが与えられることへの感謝の心
感謝の心あれば
自然と調和ができる
自然とは幸福なり
ゆえに　幸福になれるなり

善き風《かぜ》が吹いてくるではないか
善い風《ふう》になると想ってみよ
悪き風《かぜ》などない
ゆえに 悪い風《ふう》になどならぬ
善い風《ふう》になると決めてみよ
善い風《ふう》になる

善くなることを信じよ
善くなれると想えば善くなる
だが しかしは捨てよ
悪くなると想うから悪くなる
善くなると想えば楽しい
楽しいから明るい
明るいから明るいことがよってくる
善いことがよってくる

人よ
悪き暗示にまどわされるな
暗示するなら善き安示《あんじ》をせよ
善くなる 善くなった
楽しいではないか
世の悪き暗示など
人のつくりしものゆえ
まどわされるな

未来に不安持つがゆえ
今を不安に思うのだ
未来は善きことのみと
心に決めてみよ
今の悪きことも
善くなるためなり
すべて善きことのみなり

不幸だから幸福《しあわせ》となれるのだ
すべてに感謝してみよ
不幸も恐れるにたりぬ

一喜一憂《いっきいちゆう》したるは
法則 信じなき者なり
己に都合よきは喜び
己に都合悪きは心配するなり
そは まさに
現実にふりまわされし人なり
善き種もまくが悪き毒も出す
毒にて
己も毒されるを知れ

人生　節《ふし》ありて
まっすぐと高く伸びるなり
節なきはもろきゆえ
高きところにのぼりても
すぐもとに戻るなり
ゆえに　節なるは人を強くし
高き譜層《ふそう》にのぼるためのものよ

汗をかき　得たものは
尊いものなり
労が己の身となるのだ
汗もかかず
労もせず　得たものなど
がらくたと同じで
すぐ忘れさってしまうものなり

マイナス思考に
一本 線を入れるだけでよい
法則という縦《たて》の線を
そは プラス思考なり

善き心の習慣を持て
悪き心の習慣は持つな
たえず己の心を
明に向ける習慣を持て
明るき心にこそ
幸せは存在するなり

人の道
永遠の道なり
へいたんな道あり
急坂な道あり
崖あり
そを のぼりきってこそ
人の道なり
己をごまかし
道をすすまぬ者
道をくだる者
己の心はごまかせぬ
己の心に正直となりて
己の道 人の道を進め
そは 法則道なり
幸福への道なり

第2章

健康の法則

己の体を支配するは己なり
己の心明るきて
体も明るきなり
健康なり
体の極微まで
己の心あらわれたるなり

1 肉体を左右するは心なり

肉体にとらわれるな
肉体を左右するは心なり
ゆえに 心しだいで
肉体はなるなり

疼痛不快《とうつうふかい》とは悪きことではなきぞ
己の体が存在することの証《あかし》でもあるのだ
疼痛不快なき体は
己の危険さえ知ることもできぬ
疼痛不快とは己の体に危険を知らしめてくれる
己が体の善き症状なるぞ
人は痛いと思うから
危険から身をさけることができるのだ
体が感覚を失ったら人はどうなる
疼痛不快とは善き症状なり

己の心いつわりし者よ
心にはいつわりないゆえ
苦しくなりて病《やまい》となるのだ
己の心が
いつわりを病となりて正そうとするのだ
病とは悪きことではなきなり
己のまちがいを正すものなり
自改《じかい》作用なり
病になりとて悲しむことなかれ
己が正しくなるのではないか
天は人に
善きことのみしか与えてなきなり

肉体のいたみなるは
すべて善きことなり
いたむゆえ
肉体は正常にもどるなり
細胞が正常にもどろうとするはたらきなり
熱なるは
体の悪き菌をころす役目なり
すべて善きことなり

人よ　まちがうな
心とは体の一部ではなきぞ
心がありて体あるを
よく自覚せよ

老いておっても
若くあっても
心は同じなり
ゆえに 老いたと思いし者よ
心までも老いさすな
心は若きものと同じなり
老いておっても
夢があってよいではないか
毎日の糧《かて》となる夢を持ちてみよ
体 老いても
心はたえず新鮮なり

死を恐怖する念が
己の肉体に死を暗示するなり
健康を念じてこそ
肉体は健康なり
細胞には
意志あるなり

健全な体に
健全な精神が宿《やど》るのではなく
健全な精神にこそ
健全な体が宿るのだ

体の不調を考える前に
心の不調を考えよ
心の色質はどうであるか
明か暗か
明るき心に体の不調はない

病《や》んでおるのは
体ではなく心なり
肉体は心の奴隷《どれい》なり
ゆえに 心の色質により
健康か病《やまい》か決まるなり

2 笑いとは生命力なり

笑いとは生命力なり
笑えば笑うほど
生命力は強くなるなり

肉体のいたみしとき
暗き顔をする者
肉体いたむなれど
心はいたまぬゆえ
笑ってみよ
心は笑えるなり
いたみしときほど
笑ってみよ
いたみは逃げていくなり
ゆえに　笑顔なり

新しき意識になったと想ってみよ
そは 新しき意識なるものよ
簡単ではないか
想えば新しく生まれかわるのだ
意識によりて
細胞までもが生まれかわるのだ
新しき意識によりて
己の体までもが
新しく生まれかわるなり

明るき心
楽しき心
うれしき心で
心の中をいっぱいにしてみよ
暗き心
入るすきもないほど
いっぱいにしてみよ

人の心
すべて目にみえるものに
あらわれるなり
言葉に 顔に 行いに
どれだけかくしても
心はかくせぬ
ゆえに 美しき心となりてみよ
美しき言葉
美しき顔
美しき行いとなれるなり

笑いとは
己の心を
よきリズムとしてくれるなり
笑いありて
健康なり
幸福なり
すべての始まりなりなり

ときが
生命《いのち》をはぐくみ育てていくように
病もときが癒《いや》してくれるなり
ときという法則を信じきり
なおる心になりきってみよ
病《やまい》は消える

病《やまい》は気からという諺《ことわざ》の通り
病とは己の気にてつくり出すものなり
気が暗鬱《あんうつ》な醜《みにく》きものだらけの人が
病となるのだ
気とは明るき気だけでよい
やる気 元気
すべて気にてつくり出す心なり

己の欲がとれたようでも
悪き現象があらわれるのは
まだ持っている証拠だ
執着心をとらねば
欲はとれぬ
握ってはなさぬ欲を
はなしたらよいではないか
はなしてこそ
透明粋美《とうめいすいび》の心なり
ゆえに　健康なり

病《やまい》となるのは
病をよび寄せる心あるゆえなり
そは 病気ありと思う心が
よび寄せるなり
健康ありと想う斥力《せきりょく》を
己に持ちてみよ
病なし

感情 意識によりて
肉体は左右されるものなり
意識によりて
想像されるものなり
ゆえに 悪いと思う意識にて
病《やまい》を創造するなり
善いと想う意識にて
健康となるなり

笑ってみよ
もっと笑ってみよ
たえず笑ってみよ
苦しきとも笑ってみよ
苦しきとき
暗き顔したところでなにもならぬ
笑いとは光明さすがゆえ
明るくなるなり

三度の食も
感謝にて食するは
血となり肉となる
が 食を知識にて行うは
真の栄養さえも体には入らぬ
食は頭にてするものではなきなり

病《やまい》だと思う心を捨てたらよい
大切にかかえこむから
その病の醜《みにく》さにも慣れてしまう
己の醜き顔をよく見てみよ
笑いこそ最高なり

第３章

平和の法則

天の意志により生まれし人よ
天はすべてに
愛をそそぐものなり
与うるものなり
人とは　与えられ
生命《いのち》を授《さず》かりし者なり
ゆえに　宇宙のなかの法則に従い生きてこそ
その者　幸せなり

1 人を愛してみよ

人を愛してみよ
己も愛せるのだ
人を愛せぬ者
己を愛すことできぬ
人とは 己も人なるゆえ
人を愛してみよ

己をほめれぬ人に
人はほめられぬ
ほめるという心がなきゆえなり
ほめるという心を持ちてみよ
己も　人も
すべてをほめることできるなり

世の人は愛をなんと心得る
愛とは
己が欲望を満たすためのものではないぞ
愛とは
己が発するものなり
欲《ほっ》するものではなきなり

人の喜び喜べる者
幸せなる者よ
喜ばしき人
たえずどこかにあるなり
ゆえに 人の喜び喜んでみよ
たえず己も喜べるなり
ゆえに おちこむことなどなきなり
たえず心を人にむけよ

与えて与えて
与えきったら忘れてしまえ
いつまでも覚えておるから
相手に恩きせがましく思われるのだ
心のなかに
してやったという思いあらば
必ず相手にも伝わるゆえ
忘れてしまえ
すれば相手は恩を感じるなり

愛持ちても　情は持つな
情なるは己の弱き心なり
同情したところで人はよくならぬ
己までも心がうつるぞ
愛を持って正せ
まちがいを正せる心
愛なり

本音とは自然なり
たてまえとは不自然なり
本音で話しあえてこそ
心と心が通じあい
信頼となるなり
自然とは
和なり 円なり

心ありて人あるなり
心が主なり
体が従なり
ゆえに 人と人とのむすびつき
心と心がむすびついてこそ
本物のむすびつきなり

外から傍観者《ぼうかんしゃ》であっても
なにも楽しくはない
わに入って調和してこそ
わの楽しさがわかるのだ
行わずして
なにも知ることはできぬ

愛を自我欲ととりちがえるな
愛とは自他ともにすべて与うる心なり
自我欲　自他ともに奪う心なり
ゆえに　己の欲をも奪うなり
自己憐憫《じこれんびん》
まさに自我欲なり

人を愛する心とは
真の愛
天の意志なり

与うる心なくして平和はなき
たがいが相手を思いやる心こそが
平和なのだ

己のまわりに
敵 味方をつくるから
平和をつくれぬのだ
己のまわりはすべて
味方なりと心に決めてみよ
平和なり

一触即発《いっしょくそくはつ》なる世なれど
心 平和なる者に関わりなきなり
争い求めし者同士 争うなり
法則に縁し者
平和なり

2 人を喜ばしてみよ

人を喜ばしてみよ
喜ばす己も楽しいではないか
明るいではないか
人を苦しめるから
己も苦しいのだ
まず人を喜ばしてみよ

人に非はなきなり
すべて己なり
疑うは己なり
己のなかに疑う心あるゆえ
人を疑うのだ
人により すべて見方がちがうは
心のちがいなり
信ずる心ある者
人を信ずるのだ
すべて己の心のなかにあるものが
人に鏡となりてうつし出されるのだ
すべて己なり

己をののしりきらう者にも
感謝してみよ
その人があって己は存在するのだ
その人のおかげで己を磨けるのだ
不必要なるものは
ひとつもこの世にはなきなり
そは 法則なり

人が許せぬのは
その人と同質の心が己にもあるゆえ
許せぬのだ
その心が
明るき心のみならば人を許せる
人をにくむ醜《みにく》き心を
いっさい捨てきれ
残るは魂なり

腹にいちもつを持っておるから
腑《ふ》に落ちぬなり
はきだしてしまえ
すっきりした腹に
落ちるなり

よくみられたい
美しくみられたいと思うから
人はよくみない
美しくみない
人に求めるばかりで
人になにも与えてないからなり
人に与えればよいのだ

色眼鏡《いろめがね》をかけ 人をみるから
真《まこと》がみえぬ
肉眼にて人をみてみよ
無の心にてみてみよ
己の都合が善いか悪いかでみるから
みえぬのだ

善きをほめよ
善きをほめたたえよ
悪きばかりに心うばわれるゆえ
善きがみえぬ
善きをみてみよ
人にはすべて善き心あるゆえ
善きをみてみよ
善きをみる心とは善き心なり
善き心ゆえに
善きこと集まるなり

魂をゆさぶってみよ
魂で話しかけてみよ
魂同士ゆえ
通じるなり
己の魂で話してみよ

人の心とは
姿 かたちには関係なきゆえ
年も関係ない
赤子でありても
心の譜層《ふそう》 高くば 高き人なり
年をとりても
心の譜層 低くば 低き人なり
姿 かたちは関係なきゆえ
人に上下など存在せぬ
ゆえに人同士 思いしこと
言いあえるが真なり
己は身分低きゆえと
遠慮などは必要なきもの
おたがいに思いしこと
言いあえてこそ人なり

3 夫婦は原点

夫婦とは
たがいに支えあい
ひとつとなりてこそ
夫婦なり
が たがいをののしりあい
己さえよければと思うは
夫婦の意味なきなり
原点の夫婦が
与えあいてこそ
人に与えられるのだ
はじまりは夫婦なり

たがいに尊敬しあえるなかでこそ
和が保つのだ

類は類をよぶ
似たもの夫婦とは
同じ類の夫婦なのだ
己の譜層《ふそう》にあわせ
人は集まるものなり

一家の主たる者
主たる態度を示せ
一家はついてくるなり

夫婦の間の壁を取りはらえ
なんでも話しあえてこそ
夫婦ではないか
遠慮《えんりょ》しあって夫婦といえるか
体も心も
ひとつとなりて夫婦なり

夫婦はたがいが思いやり
足なみをそろえて歩いてこそ
自然であり
らくらくなり

4 親となりし人よ

親となりし人よ
親としての意味をなんと心得る
親とは
親であり親ではなし
子とは
子であり子ではなし
子とは天から与えられしもの
己のものではなし
心して親となれ

子とは天なり
天ゆえに笑みこぼれるなり
天の子よ
天の子のまま生きてみよ
役わりをはたしてみよ
天の子として祝福されるなり
ゆえに　幸せな道しか
天の子にはなきなり

親よ親とて天の子なり
純粋無垢《むく》な心を持つなり
天の子としての心を汚《けが》すは
かなしきことよ
天の子としての心を汚すがゆえに
幸せがはなれるなり
汚れをそうじせよ
毎日 そうじせよ
宝石も泥のなかでは光らぬ

己をつくりし天に感謝はないのか
ゆえに 子も親に感謝せぬなり
世の風潮が子に影響しておるのだ
己にあやまりあることに気づけ
己を生かすものに感謝する心あらば
人として生ききってみよ

子がいなくて親となれるか
子ありてこそ親なり
親よ 自惚《うぬぼ》れるな
傲慢《ごうまん》となるな
子がいてこそ親をさせてもらえるなり
子がいてこそ親として成長するなり
子に感謝してみよ
感謝してこそ
人と人 調和できるなり
ゆえに 円満なり

親は己を正し
子は親を正す
子とは鏡なり

母親とよばれし者
心してきけ
己の子に己の不満ぶつけるとはなにごとよ
母親なるは本来
子に愛する心を教えるものなれど
己の不満解消のため愚痴《ぐち》をきかせ
批判をきかせるとはなにごとよ
母親たる者
子の前ではどのような人なれど
ほめよ
子も人をほめることのできる子となるなり
批判をきき育つ子
批判をする子となる
己が子とは
己をうつす鏡なるを自覚せよ

子はほめて育てよ
しかるな
天から預かりし
天の子ゆえ
ほめて育てよ

盲目的愛とは
人を甘やかすなり
人をだめにするなり
人の耐える心なくするなり
ゆえに　盲目的愛
自我なり
己の満足のみなり

子に伝えよ
これからの世界をつくる
子に伝えよ
子に純粋無垢《むく》なる心 想い出させよ
子に夢 想い出させよ
子に笑顔 想い出させよ
天の子にかえるべく
子に伝えよ

第4章

発展の法則

生業《なりわい》とは
発展 繁栄してこそ
自然であり
真の姿なり
発展 繁栄せぬは
自然の法則を忘れてあるゆえなり
互助互恵《ごじょごけい》の精神あってこそ
自然のなかで繁栄するのだ

1 大楽天主義となりてみよ

大楽天主義となりてみよ
なにごとありても
動じぬ心の器をつくりてみよ
すべて天にまかせきればよいのだ
ゆえに なにごとも
なるようになる

豊かな生活ある者
心も豊かでなくてはならぬ
人に喜ばれねばならぬ
己のみの喜びのため
豊かなる生活おくりし者
つづきはせぬ
人から悪い念があるゆえ
つづかぬ
人から善き念もらいてこそ
つづくのだ
己が豊かなることで
人にも喜ばれるが本物なり

妥協するな
すべてを知りもせずして
なにを知るのだ
己に甘きゆえ
妥協し すぐやめてしまうのだ
はじめたのなら
最後までやりきってこそ
はじめた意味あるなり
すべてを知りてこそ
己のものとなるなり

迷わずつき進みてみよ
迷っておるから
己の進みたきところに
たどりつけぬのだ
ただひとつ
己の進みたきところのみをみて
進めばよいではないか
まわりをみて
迷っておって進めるか
迷いをいっさい捨てよ
己の進みたきところを
信じきり進めよ

欲を捨てされ
一微《いちび》も残すな
己の想念
実現するなり
欲をまだ捨てずに
心の深奥に持つがゆえ
ならぬのだ
苦しむのだ
ならば捨てればよい
捨てて捨てて
捨てきってみよ

明《めい》善《ぜん》愛《あい》信《しん》健《けん》美《び》与《よ》の
心であってこそ
物事 成就するなり
暗《あん》悪《あく》憎《ぞう》疑《ぎ》病《びょう》醜《しゅう》奪《だつ》の
心ゆえ
物事 成就せぬなり

人なにごとにも
碧空《へきくう》のような粋《す》みきりの心にて
行いをせよ
すべてうまくいく
濁《にご》りの心にて行うから
うまくいかぬなり

2 企業とは芸術なり

企業とは芸術なり
ゆえに　社長
社員　輝かせてみよ
超一流の芸術品としてみよ

人を育てていくことは
己を育てていくのだ
感謝して行ってみよ
すべてうまくいく

社長 社員は
思ったことをすべて言いあえてこそ
本物なり
思っても言わぬは卑怯《ひきょう》なり
世をうまくわたろうとするが
そは遠回りなることに気づかぬか
たがいに言いあい
問題を解決してこそ
近道なり
ときはまってはくれぬぞ

人を批判するのも
己の心が暗きゆえなり
明るき心にて批判はなきなり
あるは感謝のみなり

なにごとも
己が手本となりてみよ
人は必ずついてくる
手本　善ければ見習う者も善し
手本　悪ければ見習う者も悪い
己がやってみてこそ
人はついてくるのだ

決めたらよいではないか
曖昧《あいまい》にするから善くなっていかぬ
己は幸せだと
決めたらよいではないか
会社は発展したと
決めたらよいではないか
決めたなら
悪いことといっさいを断ちきってこそ
決断となるなり

企業とは
すべての人 経営者の心を持ちてこそ
芸術となるなり
己も企業を経営しておるのだ
社長のみで経営など成り立たぬ
己の仕事に
誇りと自信を持ちてこそ
一流の芸術品となるなり
一流品は発展しかなきなり

人とは発展する生きものなり

一粒が
万粒となりて人をうるおすものなり
そを育てるべく
水と土が美しくあってこそ
実るなり

雨が降り
雪が降り
陽を当ててこそ
豊作となるのだ
一年中
春であっては育たぬのだ
ゆえに 人にも
試練ありてこそ成長し
豊かな人になるなり

3 繁栄の絶対的法則

企業体とは
たがいが喜ぶものを与えあったところに
原点があるのだ
が 今の世は
企業体の体制自体まちがえておる
たがいが喜び ゆずりあう心を忘れ
己が欲 地位 名誉のためごときに企業体を考えるゆえ

まちがうのだ
原点なる主旨をゆがめしは　自我なり
ゆえに　自滅するなり
世は必要とされるもののみ残るなり
よって　企業体とは
与えあいの心なくしては繁栄などありえない
たがいの喜びのために企業を成り立たせてみよ
必ずや繁栄するは法則なり

時流ありてこそ
今の己あるのだ
己の地位も財産も
時流なくばなかったものなり
時流ありて与えられしものなり

時流にのれし企業とは
世に必要とされし企業なり
互譲互恵《ごじょうごけい》の精神があってこそ
企業は発展するなり

人のつくりし世界に
人がおるのではない
自然界に
人が生かされておるのだ
ゆえに ゆずりあい
与えあう心なくして
繁栄はのぞめぬ

人間を無視する企業は必ず滅びる

力の時代
知識の時代
心の時代へとうつりかわっていく
今こそ
心の時代なのだ

相手を欲でみるから
人も欲でみる
欲どうしのつながりなど
きれて当たり前なり

最高の上にも
また最高があるのだ
今は最高ではない
たえず登りつづけてこそ
最高なり

人に求めるばかりだから
不幸なのだ
引き潮なのだ
人に与えて与えて
与えきってみよ
幸せなり
満ち潮なり

うそ　いつわりの経済にまどわされるから
不安定な経済となるのだ
真《まこと》を持ちて経済となせ

信用ありてこそ
経済は成り立つなり
企業は成り立つなり
信用なき者
自然淘汰《しぜんとうた》されるなり

企業は発展したと
想念したらよい
必ず発展するなり

第5章

言葉の法則

言葉は己の心すべてなり
ゆえに　言葉を美しくせよ
心の芸術は
言葉となりてあらわれるなり

1 何気なく使う言葉

己の何気なく使う言葉を
よく分析してみよ
己の心が見えてくる

批判はいっさい捨てよ
批判して人がよくなるか
己 幸せになるか
批判とは
法則ではなき心なり
ゆえに 暗なり
批判より人をほめてみよ
人は善くなる
己も幸せになるなり

雰囲気だけに酔い
つい言ってしまう言葉がある
己の言葉に責任を持てぬような人を
誰が信用する
己の発した言葉
己で責任を持ってこそ
真の人なり

頭のなかにつまりし常識 知識を捨てて
からにしてみよ
いっぱいに入りしコップには
それ以上なにも入らぬゆえ
われの言葉も入らぬ
一度からにしてみよ
どれだけでも入るではないか
コップの大きさとは
その人の器の大きさよ
われ すぐれていると自負せし者
われの言葉きけぬは
器の小さき証《あかし》よ
小さき器よ
大きな器になりてみよ
大きな心となれる

言葉とは
正しき意味にて使え
まちがった意味の言葉とは
人が自我にてゆがませた言葉なり
正せ

言葉をいくつもつくるゆえ
心が迷うのだ
言葉をひとつとすれば
心もひとつなり
言葉があってこそ
心が成り立つのだ

力一杯

ぼくとつと話す言葉は心に入る
が 理屈ばかり並べる者の言葉は
聞いているようで
心には入らぬ
理屈ゆえ
中身がないのだ

人よ
己の心にありし言葉ならば
どれだけでも話せるではないか
己の心をいつわり
知識をならべたてるゆえ
苦しくなるのだ
ゆえに　人前で話せなくなるのだ
幼きころのように
ありのままでよいのだ

2 心あらば通ずる

心あらば通ずる
言葉の持つ波動となりて
人には通ずるものなり

疲れたという言葉が
己の潜在意識となりて
己に暗示をかけるのだ
疲れたという言葉をとってみよ
疲れなどない
体の疲れなど
睡眠によりて癒《いや》されるのだ
心に疲れるという言葉があるから
疲れていくのだ

己の中にありしマイナスの言葉を
取りはらってみよ
知識 常識によりてつくられし言葉ゆえ
取りはらってみよ
マイナスの言葉が
己に自己暗示をかけ
己を苦しめるのだ
己を楽しませる言葉のみを
己の言葉としてみよ
楽しみのみなり

知識の自己暗示とは
もっとも恐ろしきものなり
己を暗くし
死にまでいたらしめるものなり
まどわされるな
法則の知恵で己を自己安示《あんじ》してみよ
己を明るくし
生きる活力 与うるなり
法則ゆえなせるわざなり

人の一生を左右するは
その人の持つ
信念なり
魂性なり
ゆえに 幸せになれる言葉の核を
己のものとせよ

3 言葉とは心

言葉とは心
ゆえに 心 美しき者
言葉 美しきなり
心 人のために思う者
言葉 人のためなり
心 醜《みにく》き者
言葉 醜きなり
言葉を軽視するべからず
言葉とは
心を人に伝える
重要な使命をもつものなり

心の言葉と頭の言葉がちがうゆえ
おかしくなるのだ
心のなかから自然に出てくる言葉こそが
本物の言葉なり
ゆえに　頭の言葉を心とあわせてみよ
真実の言葉となるのだ
真実ゆえ
みのるのだ

言葉とは
意味あるものゆえ
意味なき言葉 必要なきもの
人のために発する言葉
よく人をみて
心の状態を把握《はあく》せねばならぬ
表面だけをみて言うから伝わらぬのだ
人が受け入れられる状態なのか
どの言葉が一番よいのか
よく考えてから言葉を発せよ
必ず伝わる
伝わる己もうれしき思いになるなり

有言実行

己の心を言葉と発し
己の心で想念するなり
想念とは言葉ゆえ
心なり

どれだけの
理屈 理論をならべたてようと
心ある一言にまさるものはなし
心ありし一言とは
体験ゆえ
心からの言葉となるなり
心にある言葉なり

心から言葉を取りはらってみよ
そは無の心なり

言葉とは
人の価値観により決まる
天よりの言葉でありても
価値のわからぬ者
ふつう一般常識の言葉となるなり
物の価値を追う者
そに気づかぬ

言葉とは
己で体験し
知ってこそ
言葉なり
体験なき知識のみの言葉
知識のみなり
ゆえに 己を幸せにはできぬなり
己の知りし言葉
体験してこそ
まことの言葉なり

第6章

成長の法則

人よ
無限の力が人にはあるなり
燦《さん》と輝きて
己 無としてみよ
人には信じられぬ力
動き出すなり

1 毎日己の心を浄化せよ

毎日 己の心を浄化せよ
毎日だ
一日でもおこたらば
そのすきに心くもるゆえ
毎日だ
浄化を習慣づけよ
当たり前のこととなる
当たり前なら楽であるなり

なぜ不安を持って未来へ進むのだ
未来に不安など必要ないではないか
未来に不安があるのではない
今の己が
不安を持って未来へ進むから
不安ともなうなり
捨ててしまえ

人よ
己をさらけ出してみよ
楽ではないか
自然ではないか
己をかくそうとする心が
自然ではないゆえ 苦しいのだ
自然に存在せしもののなかで
人だけが己の醜《みにく》きをかくそうとする
自然に出してみよ
醜きも美しきも
醜きをかくすがゆえ
美しきも出せぬのだ
醜きを出してみよ
己のなかの
美しきも出すことできるなり

己を守ろうとするがゆえ
苦しむことに気づいたか
その苦しめる心
小さき心を大きな心とすれば
救われるは己なり
ゆえに　まわりの人も
救われていくなり

己の心さえみれぬ者に
人の心はみえぬ
ただ人を知識にて判断するが
そは 当てずっぽうなるものなり
己の心をよくみてみよ
明なのか暗なのか
人のことを想っているのか
己のことのみ想っているのか
己の心を分析してみよ
法則心か自我心かで
己の幸 不幸をわけるものなり
人生を百八十度かえるゆえ
己の心を分析し
たえず法則心とせよ

自惚《うぬぼ》れて崖から落ちた者も
貴重な体験者なり
反省の材料となるのだ
悪いことなどいっさいない

反省なるは
人が成長すべき善き材料となる
反省とは明るき心にてせよ
暗き心なるときの反省なるは
己をおとしこませるものになるゆえ
行なわぬほうがよい
反省は脱皮への一里塚なるぞ

マンネリとは
己のはだが鈍感になるのだ
新鮮な風を感じなくなるのだ
そは 感謝たりぬからなり
己のはだをたえず磨ぎすまし
感謝してみよ

汚れし雑巾《ぞうきん》で
どれだけ顔をふきても
汚れは落ちぬ
汚れなき布でふいてこそ
汚れ 落ちるのだ
まちがったことを
どれだけやっても
幸せにはなれぬぞ

己の心を
法則というフィルターで濾過《ろか》してみよ
醜《みにく》きものを捨ててゆけ
濾過するゆえ蒸留水となるなり
粋《す》みきりの心となるなり

中身の貧しい者ほど
外を飾りたがる
中身の豊かな者
飾らなくとも
外見も豊かなり

美しくみせようとする心は醜《しゅう》なり
己　醜《みにく》きがゆえ己をかざるなり
美しき者　己をかざる必要なき
醜き者　心も同様に醜きなり
が　己の醜さをさらけ出してみよ
醜さをさらけ出すは美しき行ないなり
ゆえに　心が浄化されるなり
醜き心をかくしてふたをするから
悪臭ただよいて顔にまで醜きものが出るなり
ふたをせず　さらけ出せ
出しきれ
残るは美しき心のみなるぞ

心とは芸術なり
ゆえに 己の心
芸術品としてみよ
己の心
磨き
輝かせてみよ

2 意識改革をしてみよ

意識改革をしてみよ
己のふるき意識をかえてみよ
新しき意識
法則の意識にしてみよ
必ず幸せになれる

雨がふらねば花は咲けぬではないか
人の都合で考えるゆえ 雨をきらう
水不足となりて 人は体験したではないか
すべてが必要あることを
そを忘れ
また同じことをくりかえすはなにごとよ
すべて必要ありてあるのだ
すべてに感謝せよ

人の生まれしとき
欲があったか
自我があったか
なにもなかったのだ
ただ泣き笑うしかなかったのだ
育っていくなかで
欲がつき自我がついていくのだ
後でついたものならば
取りはらえるなり
ゆえに 生まれしときの純粋無垢《むく》なる心へ
人 戻れるなり
そは 天真爛漫《てんしんらんまん》なり

どうせ切るのなら
すぱっと一刀両断にせよ
快《こころよ》いではないか
ゆっくり少しづつ切るから
未練がのこるのだ
いっさいをふっきってみよ
迷わぬのだ

人のコピーした意識を
あたかも己の意識のように
思いちがいをするゆえ
己のなかにしんができぬのだ
己の心とは人のコピーではない
己の心なり
ゆえに　己でつくり出してこそ
己の心なり

陰湿《いんしつ》な意識を持っていると
じめじめとして
気持ち悪いものだ
明るき意識にしてみよ
からっとして
己も気分よきなり

己に妥協《だきょう》するな
己をごまかすな
己で己をごまかすから
己に自信を持てぬのだ
己に自信を持つには
己に正直となりてみよ
人も信じられるのだ

ふとした油断に過去の陋習《ろうしゅう》意識が顔を出し
法則心を忘れる
ゆえに 過去の己にもどるのだ
つねに己の心を
法則であるか否かを分析せよ
明るき心であるか否かを分析せよ

肉体は消滅するなり
物も消滅するなり
そは法則なり
ときの法則なり
心とは永遠不滅のものなり
そは法則なり
心の法則なり

3 自分の生命《いのち》を出しきってみよ

自分の生命《いのち》を出しきってみよ
自分の力とは無限にある
その無限のものを出しおしむな
出しおしむことは自分を小さくする
出せ
与えられた自分の生命《いのち》の力を
使えば使うほどわいてくる
永遠につきない
それが自分を最大限にいかす方法なり
すなわち法則なり

人よ
なぜ耐えることをきらい遠ざける
耐えるとは
天が人に与えし能力なれど　人はきらう
耐える力
与えられしものなれど
必要なき者　その能力なくすなり
耐える能力とは
人が成長し
輝く光のたまになるためのものであることを
自覚せよ

最低なる条件にて
最高なるもの生まれるなり
最高の条件ありても
心 粋《す》みきりにならずば
最高のもの生まれぬ
最低ゆえに
欲をとり
粋みきれるなり

心に形をつくるなかれ
形にとらわれ真理を忘れてあり
己を収縮《しゅうしゅく》させてあるなり
形とは
己の無限の可能性をはばむものなり
己をはばむ心
とらわれし心は
捨てよ

十人十色《じゅうにんといろ》の天分あるなり

体を磨き
知識を磨いても
そを使いこなす心を磨かねば
いざというときに力は発揮できぬ
心も磨いてこそ
力を発揮できるのだ

能力ありし者たちよ
そは 己の欲を満たすものにあらず
人のためにつくす能力なり
ゆえに 人のためにつくしきりてこそ
能力なり

碧空《へきくう》のような
広き粋《す》みきりの心でありてこそ
己の大なる能力
無限なり

緊張するとは
心が未熟であるゆえなり
心が成熟してこそ
己の力を発揮できるなり

未熟だから
人のためにできぬのではない
未熟だから
人のためにつくし
成熟していくのだ

できると想うから
できるのだ
できると想うゆえ
知恵がでるなり
知恵
天与のひらめきゆえ
必ずできるなり

生命《いのち》の火を不完全燃焼させるな
完全燃焼させてみよ
そは生きることなり
生かしてもらえることへの感謝なり

4 春には種をまけ

人よ
春には種をまけ
善き種をまけ
秋には必ずみのる
春にまかずして
秋にはみのらぬ
悪き種をまけば
悪きものがみのるなり
ゆえに 善き種をまいてみよ
己のまわりに
善き種がみのるなり

しかし でも は捨てよ
己を幸せにする言葉ではない
行《おこな》ってみよ
行ってみて判断してみよ
やる前から
しかし でも など必要なきものなり
可能性のいっぱいつまった人なのだ
知識で考えるな
心で考えてみよ
行動できるなり

初めてすることに
勇気はつきものなり
が　はじめなければ
なにもかわらぬ
ゆえに　勇気を出し
己を新天地へと導いてみよ
新天地とは
新鮮で善きことのみなりと
己に夢を与え
行ってみよ
必ずはじめられるのだ

善いことのみを想い
善い言葉のみをつかってみよ
生かされし人としてのすべき行動なり

己の目的はあるが
己のしておる行動がちがうゆえ
苦しむのだ
己を信じれぬのだ
己をつくりしは己なり
意識とは己なり
己で自信のある己にしてみよ
そは 行動しかなきなり

知識とは
体験してこそひとつなり
ゆえに 知行合一 なりてこそ
血となり肉となるなり
ゆえに 己の身につくなり

己の幸せなるときに
人に与えるのは簡単なことなり
が 己が窮地《きゅうち》に追いこまれしときにこそ
己の深層意識が出てくるのだ
たえず普遍の心にて
与えるのみを行えばよい

もくもくと善を行え
人にみせびらかすためではない
誰もみていなくとも行えるのが
善だ

己の使命とは
やらされることではなきなり
そを想うだけで
心ときめき　わくわくする
やらずにはおれぬことが
使命なり
ゆえに　やらせてもらうが
使命なり

第７章

想念実現の法則

心に決めてみよ
健康だと
繁栄したと
平和だと
決めてないから実現せぬのだ
自覚してこそ
想念実現するなり

1 夢を持て　ただしはっきりと鮮明に

夢を持て
ただし　はっきりと鮮明に
いいかげんなる夢は
己の心　決まってないゆえ
いいかげんなることにおわる
こうなると決めてみよ
もうなったと想ってみよ
夢　必ずなるなり
実現するなり

人はなぜ
今の目の前しかみえぬのだ
未来は輝かしい毎日しかまっていないのに
人はなぜ
今のことしか考えないのだ
己のご都合主義的人は今しかみえぬのだ
もっと先をみてみよ
己の未来とは
明るいなり
楽しいなり
善いことばかりなり

物事に集中できる者　幸せなり
体ひとつしかなきものゆえに
他事《よそごと》を考えたところでどうにもならぬのだ
今　この場所で
このことに集中してみよ
心と体　ひとつとなりて物事がかなうのだ
体あっても心なきこと　ならぬのだ
なにごとにも第一義としてみよ
なにごとにも不可能なきなり

一日にてなるものなどないぞ
すべてがときをかけてなるものなり
ゆえに　ひとつひとつの積み重ねが
みのっていくものなり
一日一日の行動　大切ゆえ
一日を大切にすごしてみよ
一日たりとも無駄にするな
一日なるものありて
今があるのだ

心のなかで想いてみよ
花は咲いておると
心のなかで咲いておるではないか
ゆえに どんなことあろうとも
心の花をからすな
たえず己の想念で咲かしつづけてみよ
永遠と咲くなり

想って想って
想いつづけてみよ
人の幸せを
想いつづけてみよ
己の心
幸せに満たされるなり
人の幸せを想う心
幸せなり
人の不幸を想う心
不幸なり
人のよくなるためだけを
想いつづければよいのだ

小さきことからでも
想念実現していけ
必ず大きく想念実現するなり
そは信じきるゆえなり

2 人が想うから　ものができていくのだ

人が想うから
ものができていくのだ
想わぬもの存在ないなり
人が想うもののみが
この世に存在するのだ
すべてのものが人の想念となりて
実現するのだ
想念実現なるこの世なのだ

想う心の念が
想念となり
実現するなり
想念実現となるなり

心とは目にみえぬものなり
ゆえに 人は心を軽視するなり
みえるもの 重視するなり
みえるものとはすべて
みえぬものがつくり出せしもの
みえぬものなくして
目にみえるものの存在なきなり
心がつくりだした世界ということを
よく自覚せよ
今の世も人の心がつくりしもの
泡《バブル》も人がつくりて
人がこわせしもの
よく自覚せよ

知識にどれだけ水をさしても
花は咲かぬ
心に水をさしてみよ
法則という水を
心とは想いであり念なり
ゆえに 心の花を想念で咲かすゆえ
現実に咲くなり

人の想いしこと
念となるなり
想うこと自体　粒子なり
想いとは存在するなり
ゆえに　想いしこと
粒子となりて人へと伝わる
以心伝心とは
己の想いが念となり
電波のように人に伝わることなり

形ばかりにこだわり
そこに心なきゆえ
形だけとおわるのだ
人に伝える心があってこそ
形ができるなり

人は皆
目にみえなくとも
引力は信じるではないか
目にみえなくとも
存在する世界はあるなり
そは 心の世界なり
心の色質によりて
己の色質 決まるなり
想いありて
みえるものとなる世界なり

想念の核に信念がある
信念がどうであるかで
想念も左右される
なにを基本に思考するかで
想念が原因となり
結果にあらわれる
信念になにを信じるかで
己の幸　不幸も左右されるのだ

難しいと思う心が
邪魔《じゃま》をするのだ
できると想う心にかえてみよ
必ずできる

第8章

因果の法則

己の心のまわりにつきし自我を
なぜ人は大切にかかえる
まるで己の正しきもののように
己の正しきと思うことがすべて正しきか
正しいならば
明るく楽しい人生がおくれるはず
己の正しきと思いしまちがいに
人よ 気づけ
正しき心ならば
正しきがおこるなり

1 因ありて果となす

因ありて果となす
因果応報《いんがおうほう》なる世のなかにて
すべて因あり
偶然なきゆえ因果なり
因とは己の心のなかにあり
その因を正しきことにせよ
果も正しきことになるゆえ
因果応報
すべて必然である

愛してみよ
愛される
与えてみよ
与えられる
すべてやまびことなりて
己にかえるなり
与えきるだけでよい

原因は他にありと思う間は
原因つかめず
己にありと気づいたら
原因もつかめる

皆目見当《かいもくけんとう》のつかぬことにも
すべて原因あるなり
すべて因果ありて
存在する世のなかなのだ
因果応報《いんがおうほう》なり

光ありてこそ
行く道を照らし法則道へと導く
暗きゆえ
行く先もわからず自我の道を進み
因をつくり果となりて
不幸を招くなり
因果律《いんがりつ》の定めなり

世はすべて因果律《いんがりつ》にて成り立つ
今が結果となり
今が原因となる
今このときに善き種をまけ

天網恢恢《てんもうかいかい》 疎《そ》にして漏《も》らさず
己のまちがい必ずや報いくるなり
ゆえに われ法則心となれと
人に伝えるなり
人がみなくとも 天がみておるなり
己のなかに天あるゆえ 隠せはせぬ
そを自覚せよ
なにごとも必然なりて
報い受けるなり

明るいから善くなるなり
善くなるから愛せるなり
愛せるから信じられるなり
信じられるから健康なり
健康だから美しいなり
美しいから与えられるなり
与えられるから明るいなり
明るきは明るきことをよびよせるなり

暗いから悪くなるなり
悪いから憎むなり
憎むから疑うなり
疑うから病《やまい》になるなり
病になるから醜《みにく》いなり
醜いから奪うなり
奪うから暗くなるなり
暗きは暗きことをよびよせるなり

なるべくして　なったのだ
過去をくやむより
未来に対し
善き原因をつくるべきだ

人生の終末となりしとき
人 真価とわれるなり
人のためにつくせし者
天から与えられるなり
与えてなき者
天から与えられぬ
与えるも生命《いのち》ありしゆえなり
生命《いのち》のありし今
与えられるのだ

2 自慢げに話をするもの

自慢げに話をする者
自慢げに話をするとき
その裏には自惚《うぬぼ》れの心 存在するなり
自惚れて話したところで人には通じぬ
いつも謙虚であれ
謙虚な姿勢であれ
自惚れとは法則心ではなきゆえ
気をつけろ

ほいほいと
人のおだてにのせられるとはなにごとよ
その嘘にどっぷりつかっておる者よ
いつでも謙虚であれ
だれに対しても謙虚であれ
自惚《うぬぼ》れる心は
己の心粋《す》みきらぬゆえ 濁《にご》るなり
ゆえに 法則ではなきなり

俺が俺がと我《が》をはる者よ
己の弱き心
人に伝えていることに気づかぬか
我をはりて
己を正当化させるは弱き心の証《あかし》よ
強き心の者
すべてを受け入れるなり
ゆえに 俺がなどとは言わぬなり
俺がの我をとってみよ
素直なる心となれるぞ

すべてを人が原因と思う者よ
原因なるは
己にありしことに気づけ
いくら人が悪いと言いても
人をかえるはできぬゆえ
己を正すしかないのだ
すべて己に原因ありと思いてみよ
己なら正せるではないか
己を正せば
必ず人も正せるなり

己が正しいと思いし者よ
人から好意を受けても
そを受け入れぬは
己を小さくせまくしていることに気づかぬか
ゆえに　落ちるしかないなり
すべてを受け入れる者こそ
のぼっておるなり

己に都合よきことのみを
正しき道と思うゆえ
都合の悪いことばかりおこるのだ
己の都合などなければ
都合の善きことばかりなり

下心《したごころ》謙虚なる者
己の醜《みにく》き心はかくせぬ
いくら善き顔をつくりても
己の心から悪臭ただようゆえ
通ずるなり
謙虚とは心のことなり
心 謙虚なる者
大いなる意志を持つゆえ
謙虚となれるなり

面従腹背《めんじゅうふくはい》なる者
己の心と顔がちがうゆえ
苦しむのだ
まちがってもよい
己の心を出してみよ
楽なるぞ
己をまもろうとしながら
苦しんでおるではないか
なぜ己を苦しめる
己を楽にせよ
まわりも楽になるなり

3 争いし者たちよ

争いし者たちよ
人同士が争いて
なにが生まれるのだ
失いしもの多きなれど
得るものなどひとつもないのだ
わざわざ失うを選びし者たちよ
そのうちすべてを失うなり
己までをも失うなり
得ることを考えてみよ
そは 与えあうこと以外には
存在しないのだ

なにごとも
己の損か得でしか判断できぬ者よ
そは　まことにこっけいなり
己の得と思いしもの　損なり
損と思いしもの　得なり
己のことしか考えぬゆえ
まちがっていくなり

理屈 理論で己によろいを着る者よ
重いであろう
苦しいであろう
とってしまえばよいではないか
己のありのままを
さらけ出せばよいではないか
ありのまま そのままが
一番美しい

人 性により堕落《だらく》し
性のために行動するなり
ゆえに 容姿にのみこだわり
もっとも大切な心を忘れてあるなり
性とは神聖なるものにてあるなり
が そを自我欲にてあつかうはまちがいなり
喜びを与えあう心なくしてはありえぬ
ゆえに 心なくしては性もありえぬ
心なくすゆえ
苦悩の因となるなり

己はまじめなりと思いし人に
己はまちがいのない人だという錯覚 多きなり
まちがいのなき人が
なぜ悩み苦しむ
まちがいなければ
いつも笑っていられるなり
まちがっていることに気づき
己を正してみよ

楽を求める人よ
楽を求めるがゆえ
苦しきことに気づかぬか
苦 求むる者 楽なり
苦を苦とせぬ不動の心をつくってみよ
世の中に苦などないではないか
苦などは人の勝手でつくりし自我の言葉なり
人には善きことしか
天は与えてなきなり

平々凡々とすごす者
しんはなきなり
平和ボケにどっぷりつかり
耐えることを知らぬ
ゆえに しんの喜びも知らぬ
己を甘やかすな
耐えてこそ
己 磨かれ
成長あるなり

己の人生まっくらやみと思いし者よ
なぜ未来がわかる
人から受けし知識にて
己の人生を決めるはまことに情けなき
想った通りの道を歩んでいることに気づかぬか
己の想い通りの人生を運命として歩くなり
幸せになるべく明るき未来を
己でつくりてみよ
明るき人生となり
明るき運命となる

第9章

リーダーの法則

有能な人物はまず心だ
心をもとに人の能力があるのだ
土台となる心を
まずゆるぎのないものとする
そは 人のためにある己であることを
自覚すべきなり

1 知識者と呼ばれし者たちよ

知識者と呼ばれし者たちよ
その知識とはいかに
その知識とは己の心で体験したもの
はじめて知恵とよばるるものなり
体験なき知識などがらくたと同じよ
人に話したところで心動かすものはなき
体験ありし知恵こそが
人の心を動かすものなり
言葉のなかに心あるゆえ
心 動かすなり

知識なきとよばるる者よ
心あらば案ずることなし
人には心として伝わるゆえ
知識などは必要なき
心あらば伝わるなり

教育のまちがいとは
人を頭で判断するところにあるなり
心なくしては頭も存在なきを知らずして
教育などはできぬ
が 人は記憶力のよさのみで人を判断し
エリートとしての道をあゆむなり
記憶力さえよければ
社会の役にたつがごとく人をあつかうなり
学歴なくしても
世の役にたった人の数えきれぬ事実をみとめてみよ
記憶力で人の役にたつものもあらば

心で人の役にたつものある
体で人の役にたつものもある
人それぞれ
持って生まれし能力そなわってあるゆえ
子の能力をひき出すが教育の役目なり
今の子をみてみよ
学歴社会によりて目の輝き失いしあるぞ
子とは本来 輝きしものなれど
大人のかってによりて輝きうばうは自我なり
ゆえに 教育とは
子を輝かすことが本来の目的である

己の地位と名誉　財産のためのみに
国をおさめし者たちよ
本来のすべきことを忘れてあるなり
人が豊かにくらすために
己を使うが本来の道なれど
欲に動きしゆえ
人の信用　失うばかりなり
己の顔をよくみよ
欲にゆがみし己の顔を

みじめなものよ
己のゆがみし顔にも気づかず
欲のみに集中してあるなり
欲をすてし者
なんたる晴れ晴れとした顔をするなり
本来　欲なき者
満たされるのだ
己が顔をみてみよ
己が心までもうつしだす鏡なり

現代医学とはどれだけのものよ
現代医学とは人のつくりしもの
医学が人をつくれるか
医学が心をつくれるか
医学とは人の知識がつくりしものゆえ
知識でしかないのだ
よく考えてみよ
そこには知識の無理が生じているのだ
だから 病人は減るどころか
増える一途をたどっているではないか
この事実は否《いな》めない真実なのだ

が　人は
己を己でなおす自己治癒力《ちゆりょく》を与えられている
自己治癒力の力を信じて耐えてみよ
病《やまい》も耐えられる
自然の虫や動物は
病になったからといって医学にたよるか
たよらなくても
なおっていく事実があるではないか
人にも同じ自然の生きものとして
自己治癒力がそなわっている
ゆえに　自己治癒力を出しきってみよ

人の傲慢《ごうまん》により
生命までも人が手を加えようとする
そは 恐ろしき結果をうむなり
生命は人知に及ぶものではない
そは人の細胞すべてに
心ありしこと知らぬ人の愚《おろ》かさなり
そは 人の破滅をうむなり
生かされし人よ
己を自覚せよ
己の生命も与えられてあり

世にいう科学者たちよ
物質により解明せしものも
真《しん》の解明にあらず
物質のみにこだわり
真理を忘れてあるなり
世には人の力にて解明できぬもの
まちがいなく存在あるなり
そは　宇宙のリズム
宇宙の波長なり
そを知りてこそ
物質　解明するなり

最先端と呼ばれし科学
宇宙を研究したりとも
法則知らずして真の解明にあらず
粒子をつくる粒子 知らずして
解明とはよびがたきなり

大地なるに感謝せよ
大地なるは
人を育てる親なるぞ
人は親をけがすきか
必要最低限なるは人の生きるためゆえ 許されるが
意味なきにけがすはなにごとよ
大地は人の親なるものなり

現代社会のひずみとは
体験なき知識多すぎるゆえに生じておる
幼少のころに
誰もが人の道　教育として学びしも
体験なき知識だけゆえ
大人になったところで
善きことはわかりしも行動することできず
知っていても行いなきは
なんの役にもたたぬことの実証である

人よ
文明は進みても
人は進んでおらぬ
文明に人は ついていっておるのだ
人のつくりし文明に ついていっておるのだ
おかしいではないか
人も心を磨き進みてこそ
文明もいきるなり

人類とはすべて運命共同体なり

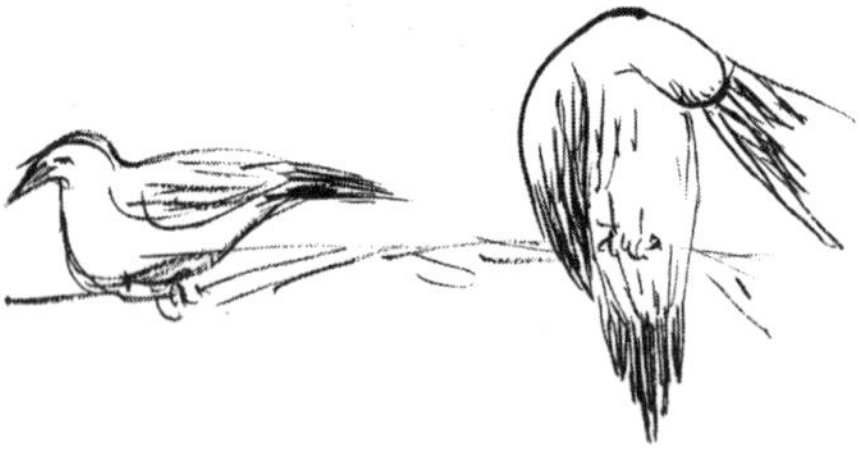

第10章

宇宙自然の法則

広く粋《す》みきりの心こそ
人のありのままの心なり
碧空《へきくう》のような粋みきりの心
なにごとにもとらわれぬ
ただ自然のまま　ありのままこそ
宇宙心
法則心なり

1 人は人のためにあり

大自然のなかに
ねたみなどない
嫉妬《しっと》などない
うらみなどない
あるは与えあう心のみなり
ゆえに　大自然はたえず輝いておるなり
人も与えあう心のみでよい
輝けるなり

自然の法則とは
与えあうことのみなり
心は人のためにありてこそ
心の法則なり
生かされてあることは
生命《いのち》の法則なり

陽は高きところにありて
人すべてに光が与えられるなり
低きにありては与えることはできぬ
人も高き譜層《ふそう》になりてこそ
高き陽のように人に与えられるのだ
陽の光までもが
己に教えをたまわっている

法則は
人は人のためにあるのだ
己の都合ばかりを優先させるは
法則にあらず

人よ
己の判断基準とはいかに
己の判断基準を
己の都合で考えてはいないか
己の都合で考えてうまくいくか
うまくいくならいいが
うまくいかぬ世のなかなのだ
天は人に判断基準を与えてあるなり
その判断基準とは　まちがいなきものなり
天の与えし基準ゆえに　まちがいない
天の与えし基準とは　人は人のためにあり
この基準で判断してみよ
基準は正しき心の人にあわせてみよ
すべてがうまくいく世のなかであるのだ

人はひとりでは生きてはいけない
まわりに人がいて
自然があって生きていける
自分さえよければなんておかしい
人がいて
自然があるから自分がある
その当たり前のことを人は忘れている
当たり前のことをするだけでいい
人は人のためにあってこそ人
それがゆいいつの人の道

しんに法則を入れてみよ
法則がしんなる人は迷いなどない
心のしんに
人は人のためなる言葉ありてこそ
本物なるぞ

人は　明《めい》善《ぜん》愛《あい》信《しん》健《けん》美《び》与《よ》なる心を持つなり
が　そのかげなるもの　暗《あん》悪《あく》憎《ぞう》疑《ぎ》病《びょう》醜《しゅう》奪《だつ》なり
この心　表裏一体なれば
暗から明に心かえるは一瞬なり
が　人は暗から明に心かえるすべを知らぬ者多きゆえ
人は人のためなる言葉あり
己の都合で考えるから明るくなれぬのだ
人のためにと考えてみよ
心　明るくなくば人のためなど想えぬ
人は人のためにあり
法則ゆえ
人　さからうことできぬのだ

2 人は生かされてあり

人は生かされてあることに気づけ
己さえよければなど
おかしいではないか
生かされてある人である以上
人は人のためにつくしてこそ
人なのだ

苦しきことを体験させてもらえる
なんとうれしきことよ
生命《いのち》なくば苦しみも体験できぬ
苦しみも生命《いのち》あるゆえなり
感謝せよ

己の力でうまれた
己の力で生きておるなどと錯覚せし者よ
己のうまれし時の記憶さえなきものが
なぜ己の力なのだ
天の力ありて生かしてもらえしことをよく自覚し
感謝せよ

生かされているは法則なり
生きているは法則ではなきなり
ゆえに 感謝する者とせぬ者とは
幸 不幸をわけるなり
法則とは幸せなり
自我とは不幸なり
人にはかえることのできぬ定めなり

大自然の美しさ以上の美しさを
人がつくれるか
大自然の美しさ
毎日 生まれかわるゆえ美しきぞ
春の芽吹き
夏の空の青さ
秋の紅葉
冬の雪化粧
これらにまさる美しさはないぞ

大自然ゆえにできるわざなのだ
大自然なるは
ときに人の心を感動させ
ときに人に災害をもたらすなり
が　よく考えてみよ
大自然のなかに
人が生かしてもらっているゆえ
自然なことなのだ
なにごとも
受け入れるしかすべはないのだ

人よ
大自然をよくみてみよ
大自然が
すべてを人に教えているではないか
気づかぬか
大自然の木が痛いからといって悲鳴をあげるか
痛かろうが耐えているではないか
大自然の動物は与えあい
自分の生命《いのち》を捨ててまで
与えきっているではないか
大自然のなかに
人の学ぶべき教えがつまっているではないか
大自然に感謝してみよ
教えをたまわう師なのだ

極限の地にても人の生活あるなり
そは極限にても生きるためのすべをひらめき
行っているゆえなり
生か死しか存在せぬ極限の地にて
人は自我を持たず
ただ生きるためにひらめくなり
そは 自然に逆らい生きるのではなく
自然に身をまかせることなり
ゆえに 想像を絶する地にても
人のくらしあるなり
そは 法則にしたがい生きる者のみ得る
能力なり

山をみよ
なにごとありしとも動かぬ
動かぬが
すべてのこと受け入れるなり
受け入れて
なるように身をまかせているのだ
崇高《すうこう》なる教えよ

自然とは
厳しくもあり
やさしくもあるなり
ゆえに　木々が成長し実がなるのだ
自然に不必要なものなど
一微《いちび》もなきなり
すべてを受けてこそ
成長できるなり

太陽は与えて与えて
与えきっておる
太陽は人になにか求めるか
人も太陽のように与えきればよい
なにも求めなくともよい
が 必ず与えられるも法則なり
やまびこなり

法則により生かされてあるのだ
不安も恐怖もなにも必要はない

法則とは
楽しき道なり
苦しむは
法則ではなきなり
ゆえに 法則
楽しんでこそ
法則なり

生かされてあることは
否《いな》めない事実なり
生かしてあるものに
感謝するが法則なり
信仰せずとも
天に感謝をしてみよ
人として生きってみよ
感謝の心あらば
なにごとも受け入れるなり
ゆえに　人として成長させてもらえるなり

天ありて 地ありて 人あるなり
天なくば 地なきなり
地なくば 人なきなり
己あること感謝してみよ
地に感謝してみよ
天に感謝してみよ
己 生かされてある証《あかし》なり

「生命」

生命は人の源
吸って吐く呼吸のように 生物に与えられてある
自然のまま生命があり
生きようとする能力が与えられてある
生命は人そのままにして
生物の枠《わく》をはずした裸の状態のようなもの
生物の核 本質である
しかし 人は生物の本質を忘れてしまっている
人のいのちの原点は自然のなかの粒子
自然の一部
自然の力なしには生きることをゆるされない
いわば 生かされてある存在
生かされてある存在は

その存在のみで成り立つことあらず
相対するからこそ　いのち
死があるからこそ　いのちがある
そのいのちと同じく
重要である法則を無視するからこそ
人は苦悩を生み出す
人は本来　苦悩のない　病《やまい》のない
純粋そのままにして光の玉　白色光粒子体の存在
そのいのちを汚《けが》すがごとき行為
人を憎み　羨《うらや》み　悪言を吐き
その逆念により己を苦しめる
人間の根底は生かされてあることを忘れ
生きてあるがごとき行い
ゆえに　いのちを汚《けが》す
生かされてある人は自然にかえる
人は昔　神に対し敬意をあらわし

敬い 感謝し祈った
だからこそ 物はなくとも幸せを心に持った
今 人は物質欲に心を奪われ
物質こそ神がごとき行い 正されてある
人間の体が新陳代謝《しんちんたいしゃ》するように
肉体を害するものを排出《はいしゅつ》しようとするように
自然も同じく
自然を害する 暗《あん》 悪《あく》 憎《ぞう》 疑《ぎ》 病《びょう》 醜《しゅう》 奪《だつ》
それら 人の心を浄化さすべく
天災 人災を起こしてある
その人間の間違いに気づきしもの
感謝する心を持ち
明《めい》 善《ぜん》 愛《あい》 信《しん》 健《けん》 美《び》 与《よ》 の人
天は救うなり
天より救いの手をさしのべる

今 多くの救いの手がのびている
各地 各国にて
しかし人はその救いの手をはらいのけ
自らの欲をむさぼり 地に落ち
天よりの糸きれるなり
人は与えられしいのち
人に与えてこそ自然の法則 天の意なり
天の子 幼子《おさなご》に天の姿を見せよ
生かされし人は生かされていきよ
いのちは生かされていきる
汚《けが》れし心の垢《あか》を取り除き 磨き
粋《す》みきりたるは天の意
天の子 救われるなり
信じよ 信じて救われる
念じよ
完成させよ

運命《うんめい》をひらく奇蹟《きせき》の言葉《ことば》

青木盛栄《あおきもりえい》

明窓出版

挿絵＝青木盛栄
カバー画＝林克彦
平成十九年六月五日初版発行
発行者――増本　利博
発行所――明窓出版株式会社
〒一六四―〇〇一二
東京都中野区本町六―二七―一三
電話　（〇三）三三八〇―八三〇三
FAX　（〇三）三三八〇―六四二四
振替　〇〇一六〇―一―一九二七六六
印刷所――株式会社　シナノ
落丁・乱丁はお取り替えいたします。
定価はカバーに表示してあります。

ISBN978-4-89634-210-9
http://meisou.com/